VIVIR DE INTERNET EN SIETE PASOS
CÓMO HACER DINERO EN LOS NEGOCIOS ONLINE DE UNA FORMA INTELIGENTE

Peters, Ramón
 Vivir de Internet en siete pasos. - 1ª ed. - Buenos Aires: Editorial Txt, 2016.
 53 p. 15x23 cm.

 ISBN 978-1537301617

 1. Autoayuda. 2. Finanzas personales. 3. Negocios online. I. Título II. Serie
 CDD 331

Dirección Editorial:
Luisina Dávila
Diseño:
Cubierta: Luisina Dávila

Quedan rigurosamente prohibidas, sin la autorización escrita de los titulares del copyright, bajo las sanciones establecidas en las leyes, la reproducción total o parcial de esta obra por cualquier medio o procedimiento, comprendidos la reprografía y el tratamiento informático, y la distribución de ejemplares de ella mediante alquiler o préstamo públicos.

© 2016 Ramón Peters

© 2016 Txt editorial

Impreso por CreateSpace

ÍNDICE

- I. ¿QUÉ SIGNIFICA VIVIR DE INTERNET? .... PÁG. 5
- II. PASO 1: DESCUBRE TUS TALENTOS .... PÁG. 11
- III. PASO 2: BUSCA A LOS MEJORES MENTORES .... PÁG. 21
- IV. PASO 3: TRABAJA CON SISTEMAS .... PÁG. 24
- V. PASO 4: EQUIVÓCATE RÁPIDO .... PÁG. 28
- VI. PASO 5: HAZ BUENAS ALIANZAS Y MASTERMIND ..... PÁG. 31
- VII. PASO 6: DELEGA Y LIDERA EQUIPOS .... PÁG. 35
- VIII. PASO 7: DEJA UN LEGADO .... PÁG. 38
- IX. DE LA IDEA A LA ACCIÓN .... PÁG. 41
  - ANEXO 1 .... PÁG. 49
  - ANEXO 2 .... PÁG. 52

I. ¿Qué significa vivir de Internet?

Vivir de Internet, desde un punto de vista racional, es igual de fácil o difícil que vivir de un negocio tradicional. La diferencia es que nos podemos apoyar al 100% en la tecnología. Por tanto, eso es una gran ventaja. Igualmente, vivir de Internet se puede conseguir comenzando con mucho menos capital que en un negocio tradicional, cosa que también facilita el conseguirlo. Aun así, la tasa de fracaso es igual de alta o más que en el mundo offline. ¿Motivos? Muchos. El principal es el de generar confianza, un elemento esencial para el que compra.

Recuerdo que cuando empecé a interesarme por tener ingresos *online*, lo primero que encontré fueron oportunidades aparentemente muy simples, como las opciones binarias, pero olvidé algo que es muy importante: si quieres ganar dinero por Internet, primero debes conocer a personas que lo hayan conseguido en un ramo en específico. Pero ojo, no solo conocerlas y saber un poco de teoría, sino saber cómo lo han conseguido. Te tienes que pegar a ellos para conocer sus "secretos".

En Internet, sobre todo al principio, por desgracia, nos atraen muchos "vendedores de humo" y otros, que sin serlo, no cuentan toda la realidad que es que, como todo en la vida, tiene sus pros y sus contras. Y la realidad es que emprender por Internet y conseguir ingresos pasivos conlleva muchas horas de dedicación, estudio y esfuerzo. Por eso es muy importante que siempre haya una balanza y no fiarse mucho de las palabras, sino más bien de resultados concretos.

Así es que, querido lector, bienvenido al maravilloso mundo de las oportunidades por Internet. Las redes ofrecen hoy tantas opciones de negocio como puestos de trabajo se destruyen. En el *online* tenemos muchas formas de aumentar ingresos, tanto para los desempleados como para las personas sin suficientes ingresos. Incluso para las personas con ahorros o para las personas con inquietudes después de su trabajo o sus negocios offline.

En el mundo de hoy, cambiar tiempo por dinero genera poco rendimiento económico, dado que hay muchas personas dispuestas a ello. Es la ley de la oferta y la demanda. Pero gracias a la tecnología están naciendo oportunidades que, incluso siendo gratis, nos pueden traer resultados espectaculares si somos persistentes y sabemos movernos de forma adecuada. Lo vemos con los *Youtubers*. Hay bastantes que, con persistencia, se ganan muy bien la vida y eso puede ser tan solo con uno o dos vídeos a la semana. Pero eso sí, son dos vídeos que han tardado horas en pensar, hacer y editar. Muchos de ellos tienen la función de divertir. Con ellos, consiguen resultados sorprendentes y muy por encima de los salarios medios. Y no solo son los vídeos: mediante la buena reputación en un nicho, pueden salir oportunidades complementarias, o lo que es lo mismo, ingresos complementarios.

¿Esto significa que sea fácil? Evidentemente no. Pero hay unas claves. Y la rueda de los negocios por Internet ya está inventada. Solo tenemos que subirnos a buenos coches con ruedas o crearlos nosotros mismos. Cada día, cada hora, pasan muchos trenes pendientes de si los tomamos o no. Solo podremos tomar algunos y, por el camino, divertirnos lo máximo posible. Una de las claves es decir "No" a muchos trenes y saber decir "Sí" a pocos y adecuados que nos convienen.

Vivir de Internet en siete pasos propone ideas concretas que te ayudarán a cambiar tu situación financiera y a conseguir resultados diferentes, gracias a un *paso a paso* que ya ha dado resultado a miles de emprendedores.

Ojo, en este libro no encontrarás recetas mágicas, aunque te aseguro que pasar de no ganar nada en Internet a hacerlo y conseguir unos ingresos dignos o incluso muy buenos, es posible. Otra clave: hacer lo que hay que hacer. Sí, parece obvio, pero ¿cuántas veces el no tener horarios fijos nos lleva a distracciones y pérdidas de tiempo?

Encontrarás siete pasos que, aplicados, van a marcar un antes y un después en tu vida. De eso estoy seguro, si te lo tomas en serio.

Ahora bien, si ya tienes muchos flujos de ingresos regulares, incluso superiores a un sueldo medio, quizás este libro no sea para ti. Ya estás forjado. Pero si estás buscando nuevas fuentes de ingresos interesantes y *online*, este libro SÍ es para ti.

Cuando conocí los negocios por Internet tenía mucho miedo a invertir más de cincuenta dólares en cualquier proyecto. También tenía miedo a ser engañado. Comentaba negocios *online* con gente que sabía menos que yo, por ejemplo mi familia. Y esto es un error. ¿Qué crees que va a decir alguien que desconoce un tema? Está claro: "vigila donde te metes", "no arriesgues mucho", "puede ser peligroso", "hay muchas estafas". Y eso es bueno, pero si bien te pueden advertir de lo que no hay que hacer, no pueden guiarte en lo que sí hay que hacer.

Por aquellos tiempos no tenía mentores, y los que tenía, apenas obtenían resultados. El gran cambio fue cuando empecé a relacionarme mediante Skype con algunos emprendedores que intentaban tener buenos resultados, aunque todavía no los tenían. Hoy puedo decir que algunos ya los han conseguido, otros siguen luchando y otros han dejado los negocios por Internet.

En mi caso, dejé los negocios *online* algunas veces, frustrado por tantos desengaños, pero mi punto clave surgió en mayo de 2012. Por aquel entonces, encontré un trabajo presencial de vendedor de aspiradores y máquinas de café. Duré un mes y una semana. No podía aguantar la presión de vender poco y perder dinero. Eran muchos kilómetros, duras visitas y prácticamente cero resultados. Cuando decidí abandonar, en julio de 2012, me comprometí a conseguir vivir de Internet. Y no solo eso, si lo conseguía, lo compartiría con mucha gente para inspirarla y ayudarla. Este es el motivo por el que te encuentras leyendo este libro.

¿Libertad financiera por Internet?

La libertad financiera en un pasado era complicada, y hoy sigue siéndolo. Muchos referentes en Internet que vemos con éxito, han pasado muchas épocas trabajando 15 horas al día. Quizás ahora también trabajan mucho, porque han adquirido hábitos ganadores y se lo pasan bien haciendo marketing o buenos proyectos. El trabajo ya no les pesa.

Si bien gracias al soporte tecnológico tenemos algunas ventajas, Internet funciona como el mundo real: necesitamos buenos contactos e información, buenos negocios y conseguir una buena optimización de nuestro tiempo para fructificar. Y mucha formación práctica.

Hoy tenemos a nuestro alcance mucho conocimiento, el cual podemos utilizar sin dificultad y todo esto nos va a producir una gran satisfacción, una gran alegría. Ver, por ejemplo, cómo hacemos innumerables vídeos que ayudan a terceros, da alas a nuestra confianza.

Siempre cuesta más construir un activo que genere ingresos pasivos que trabajar a cambio de horas, ya que implica muchas veces pensar de forma diferente, informarse de temas diversos, salir de la zona de comodidad hacia la zona de oportunidad. Pero al final, todo este esfuerzo produce unos resultados también positivos para nuestras vidas.

Evidentemente quien necesita un dinero rápido o le gusta cierto trabajo, es lógico que cambie horas por dinero, e incluso imprescindible. Pero a la larga, es muy bueno e importante, crear activos o participar en aquellos que generen ingresos pasivos y libertad financiera. ¿Por qué? Porque de esta manera, si nosotros necesitamos o queremos pasar cierto tiempo sin trabajar, podremos hacerlo sin preocuparnos de nuestras finanzas. Nuestros activos nos irán dando ingresos de una, dos, tres, diez fuentes diferentes, las cuales nos proveerán de los flujos de dinero que necesitamos para nuestras vidas.

Esto es sin duda un cambio, porque muchas personas, cuando desean generar ingresos, solo piensan en un trabajo habitual. Afortunadamente, muchas otras personas ya saben que, gracias a Internet, a este mundo tecnológico, cada vez hay más formas de generar ingresos variables. Eso sí, variables, pero interesantes y muy buenos en muchas ocasiones.

A veces, cuando alguien busca seguridad, los ingresos variables le dan miedo porque piensa que, si son pocos, no le permitirán vivir. Aun así, a la larga, cuando se conoce a fondo lo que son los ingresos variables, siempre son los mejores, porque están en la búsqueda de nuevos límites. Y estos límites pueden ser muy altos, insospechados.

Por lo tanto, *Vivir de Internet en siete pasos* tiene por objetivo ayudarte a este cambio, a esta generación de fuentes de ingresos, a saber cuáles son las claves que marcan la diferencia y qué hace que las personas no solamente puedan tener más ingresos, sino también que sean más felices, más prósperas y también, por qué no decirlo, más solidarias. Porque en general, las personas prósperas, aparte de contribuir en proyectos sociales, tienen un gran sentido de la solidaridad y es que normalmente, aparte de realizar donaciones generosas a ONG's, emplean su tiempo en crear fuentes de ingresos generadoras de puestos trabajo e innovación. Y este trabajo también genera riqueza y satisfacción para el que lo hace.

Por lo tanto, deseo que este libro te ayude y mucho, a la vez que, al aplicarlo, te inspire ideas y perspectivas positivas en tu vida. Y sobre todo, de verdad, marque un cambio en tu situación actual hacia nuevas metas y nuevos resultados.

Empecemos.

II. Paso 1: Descubre tus talentos

El primer paso para vivir de Internet es descubrir tus talentos y enfocarte hacia una mentalidad positiva y una motivación constante en la obtención de metas realistas que vayas imponiéndote de cara al presente y al futuro. Al final del libro, te mostraré vías concretas y webs específicas que te allanarán el camino.

¿Cómo hacer para aumentar tu confianza? ¿Cómo tener más motivación? ¿Cómo robustecer tu mentalidad? Pues, en este caso, trabajando en tus talentos y aplicándolos al mundo *online*.

Anota cuáles son tus cualidades, cuáles son aquellos valores esenciales que configuran tu forma de ser. Una vez tengas tus talentos y tus valores esenciales anotados, compórtate acorde con ellos, respétalos. No seas un traidor de tus propios principios. De esta forma aumentará tu confianza, aumentará tu disciplina y tu mentalidad será más fuerte. Te convertirás en una persona de alta motivación y serás capaz de dar valor a los demás.

El motivo es muy sencillo: si eres un ser íntegro sabrás transmitir confianza y transparencia, y tú mismo sentirás tal confianza en tu interior, que los retos auto-impuestos, aunque tengas días mejores o peores, avanzarán.

En definitiva, la motivación se encuentra en tener unos grandes valores, respetarlos, ponerse metas e inspirarse en grandes líderes. ¿Qué tipo de metas? ¿En qué te gustaría ganarte la vida? ¿Qué capacidades tienes? ¿En qué aspectos, valorados en el mercado, puedes mejorar o incluso especializarte? Es muy importante poner en equilibrio tus habilidades con lo que necesita el mercado, tus valores con algo que para el mercado le sea de valor, le sea útil. Es decir, imagina que eres un gran escritor. Pues bien, tienes diferentes opciones: crear artículos para un blog tuyo acerca de un tema que el mercado necesite; escribir para blogs con muchos visitantes sobre un tema en específico; preguntar a una web grande si necesita expertos en una materia para tú poder cubrirlas. Si tus aspiraciones a nivel económico concuerdan con tus habilidades y con lo que el mercado requiere: ¡bingo! Recuerda este binomio: habilidades personales fuertes y mercado hambriento dispuesto a comprar directa o indirectamente.

Tienes que ser muy flexible. El sueño de ganarte la vida en temas que no interesan a nadie o de escasa demanda, está enterrado en el pasado. Es muy difícil que, algo que no tiene mercado, posibilite el ganarse la vida (¡a no ser que seas un *crack* del marketing!).

Por lo tanto, tienes que conocer tus habilidades y entender el mercado. Normalmente estamos más confiados en hacer aquello en lo que somos buenos. Volviendo al ejemplo del escritor: si sabe mucho de textos, seguro que se siente cómodo en una conversación con otra gente del ramo y seguro que estará motivado si le ofrecen escribir sobre un tema nuevo aunque tenga que volverse experto de él.

Por tanto, es necesario, importantísimo, tener una mente abierta y motivación para resolver algo y ponerlo al servicio de los demás. Así, uno se siente útil, respalda a los demás en un tema y de ahí salen las oportunidades más grandes.

Tenemos que buscar problemas para resolver. Recordemos que siempre estamos vendiendo algo. Cuando alguien va a buscar trabajo está vendiendo sus servicios, pero tiene que olvidarse de lo que él quiere y pensar en lo que el negocio al que acude necesita. A esto le podríamos llamar "Inteligencia comercial". Especializarnos y ver si el mercado necesita nuestras soluciones y cómo las necesita. Y saber ofrecerlas.

Evidentemente, no es lo mismo poner, por ejemplo, un restaurante en medio de una zona muy transitada, donde habrá grandes oportunidades de atraer mucha cantidad de clientes, que poner el mismo restaurante perdido en un pueblo muy pequeño que casi no visita nadie. El restaurante podría ser el mismo, podría tener las mismas mesas, los mismos camareros, los mismos cocineros, pero las posibilidades serían muy diferentes.

Lo mismo pasa con tus habilidades. Puedes tener habilidades muy buenas, por ejemplo en la escritura o haciendo vídeos, pero tienes que buscar el sitio adecuado donde hay demanda, donde está la tendencia alcista. Esto es lo importante, entonces tu confianza también aumentará. Eso sí, que todo esté de acuerdo con tus valores. Aunque esté de moda ser un *Youtuber* agresivo, si no te gusta cierta agresividad o hablar de ciertos temas, por muy bueno que seas comunicando, no podrás transmitir la autenticidad necesaria y tendrás un proyecto forzado. Eso no sirve. Necesitas ser natural y superar tus conflictos internos para que no te afecten. Es uno de los tres pilares que nos comenta el *coach* Anthony Robbins junto con tener un enfoque claro y un mentor.

Tienes que estar dentro del mercado. Y hoy en día el mercado, en gran parte, se encuentra en Internet. Es decir, si consideras que eres bueno en algo, que puedes enseñar algo y que además muchos te lo dicen, debes de ofrecerlo. Hay muchas páginas en donde te pueden encontrar, o ser tú mismo el emprendedor esperado.

Hay que poner en marcha la ley de la atracción. Esto significa que sepan en lo que tú eres bueno. De esta forma te encontrarán y te contratarán. Si eres cumplidor, te propondrán para nuevas cosas y siempre, cuando uno cumple, cuando uno hace algo que es bueno, su *ranking* va subiendo. Es un *ranking* que quizás no está publicado en ningún sitio, pero se traduce en tener buenos contactos que te valoren y te ayuden, porque de alguna forma les estás ayudando.

Salir de la zona de confort

Vivir de Internet es posible aunque es necesario salir de la zona de confort, aquella en la que estamos cómodos pero no verificamos si nuestras ideas realmente ayudan a otras personas o simplemente son elementos que nos gustan o atraen.

Todos tenemos cualidades para aportar a otras personas, pasiones que pueden ser rentables si sabemos cómo. Y todos tenemos el potencial de aprender día a día un poquito más para aumentar nuestras fuentes de ingresos, y conseguir vivir una vida económicamente mejor para nuestras familias o nuestros proyectos de vida.

En mi caso, mi propósito era encontrar formas de vivir de Internet y compartirlas, para ayudar a miles de personas desorientadas. Pues bien, con el tiempo este propósito de vida se ha ido cumpliendo. Otro puede tener como propósito ayudar a bajar de peso, o motivar al desanimado, o ayudar en el campo espiritual.

Lo más difícil es tener la humildad de aprender, de formarse, de entender que hay que pagar un precio para conseguir resultados. No podemos saltarnos pasos. La rueda ya se inventó, y lo que funciona en Internet se repite una y otra vez. Casi todo está inventado, pero casi todo se puede hacer de una forma diferente. Esto es innovar: hacer algo común con un matiz diferente o nuevo. Aunque para algunos será impactante poder y saber innovar, para la mayoría no les será necesario hacerlo para obtener ingresos. Pueden subirse al carro que ya funciona.

Todos tenemos nuestro estilo y todos podemos encontrar cómo vivir de Internet. En este libro te explicaré cómo, con pasos concretos. En mi caso, fueron años de lucha porque no estaba haciendo las cosas correctamente ni había encontrado los elementos imprescindibles. Pero no te preocupes, aquí están. Y el primero es pensar en tus talentos y darles paso.

Durante mucho tiempo, intenté triunfar en Internet a mi manera, sin un mentor o un *coach* financiero, sin persistencia en lo que funciona, sin saber seleccionar fuentes de ingresos, sin suficiente visión.

Ahora bien, no te preocupes, todo son habilidades como sumar y restar. Se pueden aprender y se aprenden rápido, y estoy seguro que tienes muchos talentos.

Hay dos tipos de personas: unas sirven para hacer, son las expertas; otras sirven para coordinar, no son tan expertas, pero son buenas organizando y administrando. ¿En qué lado estás? Los dos dan muchas satisfacciones.

En mi caso, estaba estancado porque muchos anuncios me hacían probar cosas nuevas. Pero estas cosas nuevas, algunas mejores y otras peores, si no tienes alguien que te guíe y no estás predispuesto a aprender cada día, no sirven.

Caminas sin avanzar y das vueltas en el peor círculo: el del perder tiempo y dinero, ¿por qué? Porque no quieres invertir lo necesario en aspectos decisivos y, finalmente, no encuentras los mentores adecuados. Estos aspectos son:
1) Cultivar contactos positivos,
2) Saber los pros y los contras de los negocios,
3) Entender por qué unos ganan y otros no,
4) Tomar cursos presenciales y *online*,
5) Tener mentores,
6) Etc.

Este libro está pensado para que aumentes tu autoestima y tu capacidad, para que tu mente se abra de tal forma que sientas que, a pesar de tus debilidades y de los puntos que debes mejorar, estás aquí, comprometido y con ganas de cambiar tu situación gracias a tus talentos.

Y sí, te quiero motivar al cambio. Es momento de aprender y actuar cada día. Sin temor. Ya conoces el círculo del éxito. Parece imposible, pero grandes sorpresas te esperan.

El cambio es posible y puede ocurrir más rápido de lo que te imaginas si escuchas a los que ya están en la cima, a los que ya lo han conseguido. No es un camino de rosas, pero es un camino apasionante. Recorrerlo te proporcionará satisfacción a pesar de los sacrificios que tengas que hacer. Recuerda: ciertos sacrificios son peajes imprescindibles que te llevan al entorno del éxito.

Si todavía no ganas ingresos en Internet, hay una buena noticia: lo puedes conseguir. Yo empecé desde cero, equivocándome una y otra vez, pero estaba convencido de que encontraría la fórmula. Y la fórmula se compone de la mayoría de elementos que te mostraré en este libro en el cual te hablo desde el corazón: descubrir tus talentos, tener mentores, tener sistemas.

El verdadero secreto del éxito

¿Sabes por qué hay muchos que quieren perder peso pero pocos lo consiguen? Porque en los momentos de tentación de hacer lo que les place, no son capaces de decir no y seguir con el plan establecido.

Si no eres capaz de renunciar a algo importante, no serás capaz de llegar a un punto importante. El verdadero secreto del éxito es este: si tu mentor, o una guía de éxito, te dan el paso a paso, debes seguirlo, no solo cuando tengas ganas, sino especialmente el día que NO tengas ganas. Siempre vendrán los momentos de desánimo, del "no se puede". Pero aun así, los ganadores, también los que viven de Internet, en algún momento han tenido que renunciar a lo que les apetecía y hacer lo que había que hacer. Sí, y también en momentos han fallado, pero se han levantado lo más rápido posible.

Estoy convencido de que encontrarás todas las claves para que puedas vivir de sobra de Internet, pero solo con verlo y saberlo no será suficiente. Tendrás que trabajar una y otra vez para conseguirlo, también en los días nublados. En mi caso, tuve que grabar muchos vídeos en días que no tenía ganas, hacer conferencias muchos días que no tenía ganas y responder a personas en momentos que no tenía ganas. Y esa fue la clave. Es muy fácil emocionarse un día, es sencillo ir al gimnasio los dos primeros días. Lo difícil es llegar al tercer día, y al cuarto, y al día que no tienes ganas y superar la excusa o el obstáculo.

Por eso muchos sabios dicen que el conocimiento de poco sirve si no es aplicado, que la victoria más grande es sobre uno mismo, y que aplicar conocimiento significa negarse a uno mismo muchas veces. Porque no es una cuestión de dificultad, es una cuestión de dolor. Nos provoca dolor hacer una cosa cuando no tenemos ganas. Y cuesta mucho hacer las cosas a la fuerza. Por eso hay un elemento clave: el amor. Poner amor al trabajo bien hecho, incluso al negarte a ti mismo.

El éxito no es un punto concreto, es un camino donde se van superando pequeños retos. El generar ingresos pasivos por Internet y ser más feliz no es una meta, es un viaje en el tren de las oportunidades. Y, este tren, para ti, está pasando en estos momentos, porque estás aprendiendo las claves para poder ganarte la vida por Internet completamente y no depender de otras fuentes de ingresos.

Eso sí, si quieres ser feliz tendrás que renunciar a tentaciones importantes, tendrás que negarte a ti mismo en un momento u otro. Si no quieres ser mediocre, aplica este manual. Pero recuerda, no estás solo, muchos te apoyarán si estás enfocado en tus metas y objetivos. Lo importante es no quedarse parado o estancado.

Y no te preocupes si en algún momento cedes a la tentación. Es tu obligación levantarte y seguir adelante.
Las personas más felices del mundo son las que ayudan a las demás. El dinero viene siempre por añadidura. Y los grandes ingresos vienen porque habrás ayudado en gran manera a los demás, aportando soluciones. El dinero siempre es una consecuencia. Por eso es tan importante saber manejarlo, saber dominar las emociones y evitar los peligros más frecuentes en nuestra relación entre el dinero y los negocios: la avaricia, el miedo y el descontrol. La avaricia es la que te visita cuando las cosas te van bien. Te tienta a reinvertirlo todo para ganar más. Te hace sentir grande y orgulloso de lo que estás haciendo. Y te hace ver que puedes con todo y que vas a ser el Michael Jordan de los negocios. Pero no, cuando te visite la avaricia, recuerda con humildad que eres polvo y que, como cada ser humano, cuelgas de un hilo. Siempre recuerda que por muy arriba que subas, no eres más que un pequeño granito del universo. Y que si eres algo, es gracias a una sociedad y un mundo que te han permitido desarrollar las habilidades necesarias para triunfar. En vez de tener orgullo, es mejor dar las gracias: a tu familia, a tus mentores, a la sociedad que te permite ofrecer tus productos o servicios.

Por otro lado, el miedo aparece generando desconfianza ante Internet. Te dice que esto de vivir de Internet es cosa de unos pocos, haciéndote pensar que no eres bueno en muchos aspectos. Pero te digo algo: no importa si eres bueno o menos bueno, lo que importa es que pongas en práctica lo aprendido e intentes aprovechar tus talentos en el campo adecuado.

Una vez aprendida la habilidad de generar ingresos por Internet, cada vez es más sencillo hacerlo. Se convierte en un hábito y, al final, si este hábito lo vas desarrollando y vas compartiendo tus conocimientos, avanzas en crear un mundo mejor. Y sí, podrás decir al mundo que hoy es posible vivir 100% de Internet.

Por último, hay un enemigo importante: el descontrol. Sí, porque muchas veces no prevemos muchas cosas que son fáciles de prever. Algunos dicen que el éxito es previsible porque estudian cómo organizarse antes de librar la batalla. Las guerras se ganan antes de hacerse, porque dependiendo de las estrategias y de las herramientas que usemos, fracasaremos o triunfaremos. Muchas veces nos dejamos llevar por la corriente del río. Pero en los negocios es tan necesario el autocontrol como la organización de tu agenda. Eres libre, sí, pero tienes que amoldarte a un plan, porque si no, te verás siempre encapsulado en el plan de alguien más.

Tendencia alcista

Una de las claves más importantes es que si queremos vivir de Internet debemos estar actualizados y saber cuál es la demanda del mercado. Es decir, si nosotros no conocemos el mercado, no sabremos ni podremos generar ingresos. Y el mercado nos marca aquello que está en tendencia alcista, nos marca los precios, los márgenes.

¿Qué es eso de la tendencia alcista? Por tendencia alcista entendemos algo que está en crecimiento positivo. Ejemplo, cuando Marc Márquez empezó a ganar mundiales en categorías inferiores de motos, estaba en tendencia alcista. Estaba en progresión. Cuando ya se consolidó entre los mejores del mundo, ya tenemos una tendencia plana. Ha subido tanto que es difícil no solo ya subir, sino mantenerse.

Otro caso: Pau Gasol cuando empezó en el Barcelona no era el mejor del equipo, pero sí el de mejor progresión. Evidentemente estaba ya en tendencia alcista, aunque no era el mejor. Es por eso que los entrenadores se fijaban en él. En cambio, cuando ganó dos títulos de la NBA, en la cumbre de su carrera junto con sus logros en la selección, ya estaba en una tendencia consolidada.

En un negocio también existen fases. Y, por tanto, es bueno tomar un modelo de negocio en tendencia alcista o consolidada, evidentemente. También es posible que un negocio en tendencia consolidada se reinvente y vuelva a tendencia alcista.

III. Paso 2: BUSCA A LOS MEJORES MENTORES

Busca a alguien dispuesto a enseñar y que ya haya conseguido lo que quieres. Para que te guíe y te inspire por el camino más recto para que tú también puedas conseguirlo.
Una de las grandes claves para alcanzar el éxito en los negocios *online*, es el hecho de tener mentores o expertos que te asesoren sobre el mercado en el que quieres entrar y ganarte la vida.

Si quieres construir un activo (entendemos por activo aquel que te genera ingresos pasivos, puede ser un sistema, puede ser una inversión), antes de crear el sistema o hacer la inversión, necesitas asesoramiento y reflexión. Y ¿quién te provee de este asesoramiento? Evidentemente un mentor o un experto en la materia.

Si te apasiona un tema, te gusta o te atrae y quieres monetizarlo, porque resuelve algún problema concreto, tienes que acudir a un mentor, tener a un experto o expertos que puedan aconsejarte, y de esta manera evitar los errores del principiante.

Por tanto, de los sietes pasos para vivir de Internet, el más importante en un principio es conocer, averiguar bien el modelo de negocio con el cual te gustaría crear un activo, y segundo aprender de mentores.

Hacerte experto en una materia es relativamente sencillo. Hoy tenemos información por todos los lados. Simplemente es cuestión de estudiar, asimilar y poner en práctica.

Sí, hay toneladas de información, pero muchas veces esta información no es suficiente y es necesario el filtro de un mentor o un coach para saber entender dónde está el grano y dónde la paja.

Para un principiante, el hecho de tener un coach o mentor, comprar cursos o libros, asimilar cierta información, puede aparentar ser un gasto absurdo en vez de una de las inversiones más seguras. El novato a veces puede hacerse estas preguntas: ¿Por qué voy a hacer caso de una persona que se está ganando la vida y me pide que le pague "x" dinero? ¿Cómo puede ser que tenga que hacer este proceso? ¡Yo lo quiero hacer a mi manera! Estas son las primeras valoraciones de un principiante.

Pero está más que demostrado que hacer las cosas a tu manera es la mejor manera, sin duda, de fracasar. Por tanto, tener un mentor o un experto cerca de ti es imprescindible. Afortunadamente, hay miles de buenos mentores y expertos que pueden darte esta asesoría que estás buscando. Hay gente que disfruta compartiendo su éxito y las claves. Pero no todo el mundo es así. Por lo tanto, vigila.

¿Cómo debe ser mi mentor o mentores?

Tienes que buscar a un experto que tenga los mismos valores que tú. En un mismo nicho de mercado, en un mismo campo, puede haber miles de expertos, pero tienes que buscar aquel mentor o mentora que concuerden con tu estilo de vida, que te comprendan. Y eso pronto lo vas a detectar: por su estilo, su forma de ser, su forma de hablar.

En un principio, cuesta encontrar mentores porque hay gente con un arte de persuasión impresionante. Pero hazte la siguiente pregunta: ¿En los negocios que trabaja, consigue él y su gente resultados demostrables? Es decir, mira qué testimonios hay sobre algo. En Internet, en foros y blogs, rápidamente se puede saber si un negocio es rentable para muchos o para pocos, si está maduro o está empezando, etc.

Por lo tanto, es bastante simple. Te interesa un tema, quieres saber si hay mercado, pues pregúntale o fíjate en aquel que está triunfando en él, no solamente en alguien teórico. Hay grandes teóricos que no tienen resultados prácticos.

También grandes mentores han escrito grandes libros. Puedes leer dos, tres, cuatro o cinco libros del tema específico que te interese, buscando y encontrando los mejores materiales.

Pero a la hora de la verdad, lo ideal, es tener un mentor o experto en algo específico porque evidentemente los mejores jugadores de tenis del mundo tienen los mejores entrenadores. No es normal, ni ocurre, que un gran entrenador de tenis se ponga a asesorar a un equipo de futbol. Esto entraría en contradicción.

Primero tienes que recordar cuáles son tus virtudes y tus pasiones. Seguro que entre ellas, alguna la puedes convertir en ingresos para conseguir vivir de Internet. Al final te daré ideas concretas para que puedas buscar lo que más te convenga.

Insisto. Busca un buen mentor o mentores. Tiene que ser alguien que no solo sepa mucho de un tema, sino que también tenga la vocación de enseñar. Hay muchos emprendedores exitosos que no les gusta enseñar, son celosos de sus empresas, puedes preguntarles pero no te responderán. Pero por otro lado, afortunadamente, hay gente que sabe mucho, con mucho éxito y que, además, quieren compartirlo enseñando a los demás, porque así siguen creciendo.

Por lo tanto si quieres llegar a vivir de Internet busca un mentor en el campo deseado. Te va a decir realmente si aquel nicho de mercado que te gusta es rentable o no es rentable, cuáles son las claves y cuáles no.

IV. Paso 3: TRABAJA CON SISTEMAS

El tercer paso para vivir de Internet es trabajar con sistemas y desarrollar hábitos ganadores. Un estudio reciente demuestra que se necesitan veinte horas para saber más que la mayoría sobre un tema y para dominarlo en su nivel básico.

Esto significa que con cuarenta y cinco minutos al día durante un mes, por ejemplo, podemos aprender cómo funciona un embudo de marketing y con qué herramientas hacerlo. O bien, empaparnos de un tema de forma tal que podamos hacer un blog especializado y desde allí vender productos relacionados.

Para conseguir los cuarenta y cinco minutos al día se necesita el hábito y el enfoque. No es suficiente diciendo es fácil o es difícil. Hay que hacer lo que hay que hacer en cada momento.

Junto con hábitos ganadores, tener un sistema provoca automatizar procesos, tener un paso a paso que incluso trabaje cuando tú no estás. Un ejemplo de marketing por Internet es tener un blog sobre salud y poner ofertas de productos o servicios relacionados con este nicho. Hay muchos campos que pueden gustarte para explotar.

Siempre hay que estar en mejora constante. Esto también lo tenemos que tener marcado nosotros en nuestro interior: mejorar constantemente y estudiar sistemas, que es lo que hizo Ray Kroc con McDonalds. Él observó a una tienda de hamburguesas, y se dio cuenta de que allí estaban trabajando muy bien, había calidad y rapidez; por lo tanto, tomó nota del sistema y del "paso a paso", como si fuera un viaje planificado.

¿Es caro crear un sistema?

Evidentemente, al principio, crear un sistema, participar en un sistema, significa pagar el precio. Esto tiene un coste siempre, un coste de esfuerzo en aprender un conocimiento práctico, esfuerzo de pagar un dinero que quizás te ha costado mucho de ganar o de ahorrar, pero es la única manera de avanzar.

Podemos trabajar dentro del sistema (trabajador o autoempleado) o trabajar desde fuera (empresario o inversor). El reto es saber trabajar al máximo desde fuera. El cuadrante del flujo del dinero que propone Robert Kiyosaki diferencia muy bien a los que están cambiando horas por dinero, situados en la parte izquierda del cuadrante (trabajador o trabajador independiente), de los que cambian sistemas e inversiones por dinero, en la parte derecha del cuadrante (empresarios e inversores).

Estar en la parte derecha del cuadrante nos da más tiempo para pensar y poder crear nuevos negocios y flujos. Aunque al principio, muchas veces, hay que estar en la parte izquierda.

El tiempo, por ser lo más limitado, es lo más importante

Si participamos en sistemas en los que tenemos que dedicar poco o casi nada de tiempo, y nos están generando beneficios, tendremos más tiempo para pasar con nuestra familia y amigos y para crear nuevas fuentes de ingresos.
Atención, he hablado de beneficios, que es la resta entre ingresos y gastos en un negocio. Es importante esta distinción. De nada sirve tener muchos ingresos si los gastos, de forma recurrente, siempre son más altos que los ingresos. Imagina que inviertes en un proyecto de Internet 1000 euros. Mantener este proyecto te cuesta 50 euros y te da unos

ingresos de 200 euros. Por tanto, el neto mensual son 150 euros. Teniendo en cuenta que has invertido 1000 de inicio, si cada mes ganas 150, en unos siete meses tendrás amortizado el negocio. Y una vez con el negocio amortizado, los 150 euros, que pueden subir, serán tu beneficio mensual neto.

Recuerda que en Internet hay muchos proyectos que puedes comenzar con poco dinero. Tienes que encontrar el punto. Dependiendo del proyecto se necesita un capital u otro para empezar, aunque en general, es 10 veces más barato que comenzar offline. Por lo tanto, el riesgo es 10 veces menor. Eso sí, también, si no sabes jugar tus cartas, tienes 10 veces más de riesgo. Por tanto, recuerda el hecho de preguntar al mentor o al experto antes de realizar acción, o al menos de consultar páginas que demuestren resultados ganadores.

En Internet hay mucha volatilidad. Muchos negocios tienen su época gloriosa durante un año y pocos se consolidan. Pero anímate: cada vez que un negocio pasa por dificultades, nacen tres mejores. Solamente hay que estar atento y beneficiarse del conocimiento de los expertos.

El apalancamiento, otro concepto importante, es esencial. Significa poder apoyarse en algo para llegar más lejos. Básicamente en Internet hay dos tipos de apalancamiento: tecnológico y de conocimiento. El tecnológico es obvio: el hecho de poder tener conexión a Internet y acceder a miles de webs y herramientas *online* ya nos da ventajas importantes.

Quizás lo más decisivo es el apalancamiento del conocimiento. Estamos en la era de la información, y sin el conocimiento pertinente, podemos dar golpes sin efecto. El conocimiento lo encontramos en los expertos, en libros, en cursos y en las webs especializadas de cada tema.

Solamente es necesaria la paciencia y un poco de tiempo para avanzar.

V. Paso 4: Equivócate rápido

De nada sirve tener mentores y expertos, grandes sistemas, una buena mentalidad con motivación y una gran confianza en uno mismo si no aplicamos lo que sabemos.

Es imprescindible olvidar los prejuicios, las falsas expectativas de perfección y las ambiciones demasiado altas al principio. Es esencial iniciar la acción, ponerse las pilas, el mono de trabajo y, con humildad, poner en práctica los consejos de los mentores y expertos que tienen que concordar con nuestros valores. Y, así, poner en práctica los sistemas, los "paso a paso", y siempre desde una mentalidad confiada y positiva.

El conocimiento práctico es lo que diferencia las personas con resultados de las personas con simples sueños. "Poner en práctica", aplicar lo aprendido, provoca a veces sentirse extraño, estar en una zona desconocida y detectar las debilidades de uno mismo. Aun así, hay que iniciar la acción con nuestras cualidades; no tenemos la obligación de hacerlo en cosas que no nos gustan, que no nos motivan, que no van de acuerdo a nuestros valores.

En un trabajo que necesitamos para vivir, si nos piden fregar platos tendremos que fregar platos. Será un sacrificio momentáneo, pero es importantísimo no dejarse llevar por sistemas de otros toda la vida, y empezar a poner en práctica lo que, mentores y expertos, de cada materia, nos pueden enseñar a través de libros, del *coaching* uno a uno o a través de cursos.

Todo conocimiento debe concretarse en algo práctico, de lo contrario, puede ser una carga para nuestro cerebro. Mucha información que no lleve a ninguna meta, al final se puede convertir en algo absurdo. Por tanto, si nosotros tenemos un objetivo y metas (que es básico saber cuáles son), simplemente debemos de ponerlas en práctica sin rechistar.

Nadie se ha hecho experto desde la teoría. Es más, muchos teóricos no saben lo que es la práctica y no pueden ayudar adecuadamente a un aspirante, a un discípulo. Porque la práctica tiene sus dificultades, pero es en esas dificultades donde se forja un espíritu ganador, el cambio necesario dentro de cada persona para que los frutos vayan llegando. Y esto teniendo en cuenta que por el camino habrán caídas, errores, pero gracias a los consejos de mentores y expertos que ya saben los caminos que no conducen a los buenos resultados, nosotros podemos actuar en aquello que sí nos dará resultados.

De momento nos tenemos que quedar con esta gran idea. El conocimiento práctico es poder, y también la práctica, el entrenamiento. ¿Por qué los grandes futbolistas como Lio Messi o Cristiano Ronaldo han llegado a ser los mejores del mundo? Porque han entrenado mucho. Pero aun así, cuando ya son de los mejores del mundo, si no siguen entrenando van a dejar de serlo. Por muy bueno que uno sea en algo, tiene que ponerlo en práctica, o tiene que tener un equipo que ponga en práctica unos sistemas y unos determinados valores al servicio de un potencial cliente final.

Es esencial entender que el conocimiento práctico conlleva muchas satisfacciones y también momentos de dolor. Practicar aquello que nos gusta no siempre es placentero, hay momentos en los que uno huiría, se marcharía e incluso abandonaría un proyecto que por mucho que le guste, si no pone de su esfuerzo, no podrá conseguir los objetivos que se ha marcado.

Recuerda una definición del éxito: El éxito es ir de fracaso en fracaso sin perder el entusiasmo.

Por tanto, y en conclusión, el conocimiento práctico, poner en acción los consejos de los sabios, de los mentores, de los expertos en una materia determinada, es lo único que lleva al éxito. Y eso es porque a pesar de que muchas veces la práctica es sencilla, es muy grande la tentación de buscar atajos, unos atajos que resultan aparentemente más fáciles, pero que no llevan a la meta prevista.

VI. Paso 5: Haz buenas alianzas y *mastermind*

¿Por qué aliarse? Porque vivimos en un mundo interconectado. No podemos vivir sin los demás, los necesitamos, necesitamos que cuando vamos a tomar un café en un bar alguien nos atienda. Sí, lo podría hacer una máquina pero el trato humano aporta un plus, aporta algo más: alimentación para el espíritu. Una máquina simplemente nos puede aportar un determinado elemento, un alimento por ejemplo. Pero no sentimientos, consejos, sonrisas. Las alianzas, precisamente, son todo esto y más, es decir, aliarse es tejer soluciones.

Las alianzas son buenas siempre y cuando cada parte salga beneficiada en algún aspecto. Hay muchos tipos de alianzas: algunas las podemos llamar estratégicas, porque uniendo cualidades se puede llegar a proyectos más complejos pero más completos. Y un proyecto más completo repercute en la calidad que recibe el cliente final.

Imaginemos que queremos organizar una conferencia *online* para presentar un producto y nosotros sabemos hablar muy bien en público, pero no tenemos la habilidad de ser detallistas en la preparación del evento. Con tal motivo, lo que hacemos es aliarnos con personas que son muy buenas organizadoras de eventos y hacemos una alianza que puede ser de muchos tipos. Por ejemplo: "vamos a organizar esta presentación y si me ayudas te vas a llevar el 30% o el 50% de las ventas".

Dependiendo de la alianza, puede que una misma cosa sea un éxito o un fracaso. Si la alianza es buena, es mucho mejor ir acompañado que solo. Evidentemente, si la alianza es mala no hay tampoco un buen resultado. Pero cuando hablamos de alianzas siempre pensamos en alianzas positivas, que permitan complementar y hacer fuertes nuestras debilidades. Con tal motivo, podemos asesorarnos cada día, en cada área que necesitemos ayuda.

Normalmente el primer asesoramiento es gratis y recíproco, porque está este punto de conocer a la otra persona. Hay que entender bien la otra parte para saber si tal o cual alianza nos conviene o no.

Lo ideal es que las alianzas vayan saliendo por naturaleza, por necesidad, por el buen hacer del rol de una persona en cada proyecto. Como vemos, puede haber múltiples alianzas, y un mentor y un experto ya saben dónde pueden estar estas alianzas. Un sistema también sabe cuáles tienen que ser los proveedores exactos para triunfar. Sin duda, puede haber alianzas que se parezcan a un apalancamiento: podemos mover una gran roca si tenemos un punto de apoyo, pero no nosotros solos.

El apalancamiento o punto de apoyo es muchas veces un intermediario, por eso las figuras de los intermediarios muchas veces son claves. Un experto o un mentor puede ser un intermediario porque nos asesora de lo que tenemos que hacer, con quién tenemos que hablar, nos da pistas. Por lo tanto, las alianzas son necesarias. Si queremos triunfar en Internet y vivir de este medio, necesitamos algún tipo de alianzas.

Las alianzas proveen de conocimientos, también conocimientos prácticos y sobre todo de nuevos contactos. Hay muchos expertos, hay muchos ramos, es imposible dominarlo todo, pero nosotros podemos ser una pieza importante, porque tenemos unas cualidades que nos hacen únicos. Simplemente es saber aprovechar estas cualidades dentro de un mercado que tenga necesidad de ellas.

Cuando nosotros trabajamos para un tercero, vendemos nuestros servicios a este. Si nosotros trabajamos ocho horas de camareros por ejemplo, estamos vendiendo nuestro tiempo a una persona que las compra a cambio de un dinero.

Esto es una alianza: la relación de un trabajador con un empresario es un tipo de alianza. Pero en Internet normalmente las relaciones son más flexibles.

Eso sí, las alianzas y la buena armonía, vibrar en una frecuencia parecida, tener los mismos valores, las mismas aficiones, todo esto ayuda a que las alianzas sean más fuertes y tengan un vínculo a veces invisible e imperceptible, pero que es muy fuerte. Y de ahí radica la fuerza de muchos proyectos.

Las grandes alianzas son resultado de la capacidad para saber unirse estratégicamente a otras personas o proyectos. De esta manera, las alianzas hacen que se pueda marcar la diferencia. Siempre hay que buscarlas desde el respeto y desde la humildad. Si alguien no quiere aliarse con nosotros, no pasa nada. Siempre hay abundancia, el mundo es muy grande. Pensar en modo solución, buscar soluciones es algo extremadamente importante. Todo emprendedor que busca vivir de Internet, tendrá que superar barreras, pero son barreras que se pueden superar y habilidades que se pueden aprender, son conocimientos prácticos que se pueden dominar, no es algo que esté fuera del alcance de las personas.

Por este motivo debemos buscar alianzas siempre teniendo en cuenta cuáles son nuestras cualidades, cuál puede ser aquel nicho de mercado que está en tendencia alcista.

Recordemos que vivir de Internet siempre pasa por mercados que estén o bien consolidados, o en tendencia alcista. Si es un mercado que está en tendencia bajista y que se contrae, es muy peligroso, muy difícil, a no ser que sepamos innovar dentro de ese mercado y podamos, a través de nuestro conocimiento, saber revertir la situación.

Fuera de Internet tenemos el ejemplo en el sector de la moda que, gracias a su reinvención, a una nueva forma de presentar las colecciones de ropa, ha habido un cambio y un mercado aparentemente bajista ha conseguido transformarse en un mercado pujante. Pero hacer esto solo está al alcance de gente muy experimentada en un sector. Si somos principiantes, no es necesario buscar un mercado que baja, sino tendencias alcistas que permitan subirse a un caballo ganador.

VII. Paso 6: DELEGA Y LIDERA EQUIPOS

Delegar es una de las tareas más complicadas para poder conseguir la libertad financiera y para hacer proyectos grandes por Internet. Sin delegación, no hay forma de ser libre. Aunque al principio es bueno también conocer, delegar hace que no nos tengamos que preocupar de ciertas especialidades.

Si quieres hacerlo todo tú, al final no podrás hacer nada porque perderás la salud. Trabajarás quince horas al día pero te faltarán cincuenta. El trabajo siempre trae más trabajo. Por tanto, tienes que convertirte en un organizador, a medida que avances.

Por lo tanto, tienes que aprender a delegar. Es algo básico también en la consecución del vivir *online*, no puedes hacerlo todo. Si quieres ser libre, delega.

Llega un momento en que delegar es imprescindible. Solamente falta saber cómo hacerlo. Pues bien, delegar siempre es un pequeño riesgo, pero hay que asumirlo, todo son riesgos en la vida, cualquier cosa que hagamos es un riesgo, incluso salir a la calle o quedarse dormido.

Por lo tanto, hay que arriesgar y delegar en todo aquello en lo que nosotros no seamos buenos. Hay muchos aspectos que pueden marcar la diferencia en un negocio.

Nosotros podemos y debemos marcar la diferencia en aquello que somos expertos, y no en aquello que no lo somos y que, a parte, nos puede llegar a agotar y robar un montón de horas. Por lo tanto, tenemos que entender que prácticamente todo es delegable, excepto evidentemente supervisar y hacer algunas cosas que nos gustan y se nos dan bien.

Delegar es tan simple como buscar a los mejores para aquellas necesidades que nosotros tenemos y que no podemos hacer a la vez. Gracias a la delegación hay más eficiencia. Mira cómo funciona el mundo: la humanidad delega, se organiza y evidentemente en cualquier sitio, por pequeño que sea, siempre hay delegación. Y es cierto, se puede delegar mejor o peor, pero es básico hacerlo en lo posible para ser más libres, no solo de tiempo, sino también financieramente.

Por ejemplo, imagina que tienes un proyecto *online* que habla de cómo invertir en la bolsa. Bien, nosotros podemos asumir a la vez el rol de escritor, diseñador, director, etc. o bien empezar a buscar colaboradores. Divide y reinarás.

Por lo tanto, no es suficiente saber mucho de un tema. Es necesario, para ser más fuerte, confiar determinadas tareas a determinados expertos. ¿Por qué cuando tenemos un problema legal acudimos a un abogado? Porque es el experto en legalidad. Y mejor aún si vamos al experto del ramo concreto del problema que tenemos.

Y recuerda que no estás solo. El mentor, el experto o los libros te pueden ayudar a encontrar a personas en quién delegar. En webs como fiverr.com, geniuzz.com o freelancer.com, encontrarás mucha gente dispuesta a hacer tareas expertas a precios muy razonables.

Toda empresa o todo proyecto necesita de ayudantes, y cuando uno quiere la libertad financiera, es evidente que requiere de gente que le ayude. Ya no es solo el vivir de Internet. En un momento dado, hay que hacer un paso más.

Dominar las finanzas personales para delegar con garantías

Hay un aspecto muy importante en el delegar: las finanzas personales. Sin respaldo económico no se puede delegar.

Hay gente que piensa que es muy fácil llevar la contabilidad, y realmente a veces es fácil. Ahora bien, con la ayuda de un auditor todavía es mejor. Una persona puede saber llevar su contabilidad, pero no llega a fin de mes o no ahorra o gana lo suficiente. Muchas veces el hecho de delegar o de acompañarnos en una persona experta en el tema de finanzas, puede generar más ingresos y reducir gastos inútiles o innecesarios. Es el arte de dominar el *cash flow* (flujo de efectivo).

Y con un *cash flow* positivo, delegar marca la diferencia. Las personas que son capaces de delegar tareas son las más eficientes. Siempre hay que buscar la excelencia, y la misma está en expertos que cooperan y trabajan en equipo. Por esto los grandes empresarios saben delegar. Y todos los que son libres financieramente saben delegar.

Por lo tanto, si aprendes a delegar estarás más cerca de vivir mejor en los negocios por Internet. Y no solo eso, delegando bien conseguirás la libertad financiera y de tiempo.

VIII. Paso 7: deja un legado

Sin duda, pensar que podemos dejar un mundo mejor, nos puede motivar. Pensar que podemos ser capaces de aportar con nuestro trabajo una mejoría en el entorno, un mejor futuro para nuestros hijos, una mejora en la educación, en la sanidad, en definitiva, una eficiencia mejor, es nuestro legado.

Cada cual puede aportar su legado. No es necesario ser Einstein para aportar un gran legado. Se puede ser un simple barrendero y dejar un gran legado, ¿Por qué? El legado va más allá de la profesión, y está ligado sobre todo al amor que se pone en el servicio a los demás. El gran legado de muchas personas ha estado en tener un amor más grande que el propio ego hacia los demás, para cambiar vidas, transformar situaciones difíciles en oportunidades gigantescas. La herencia que han dejado muchos gracias a sus libros, inventos, acciones, a su personalidad, a sus luchas cívicas y sociales ha ido sumando y provocando que tengamos hoy un mundo mejor que el del pasado.

Y esto nos tiene que motivar: el saber que podemos dejar un legado. Poder ayudar a personas que nunca vamos a conocer, es algo que posee Internet y es apasionante. Es algo extraordinario, y en el camino hacia vivir del Internet, el hecho de querer dejar un legado y un mundo mejor, es un paso importante porque va muy ligado a nuestras motivaciones.

Si no tenemos un motivo, normalmente vamos a estar sometidos a los motivos de los demás. Nosotros tenemos que tener una finalidad para impulsar nuestro propio camino. Es bueno seguir a otros, pero cada uno de nosotros somos especiales, tenemos nuestra propia historia y personalidad. Somos únicos, con lo cual podemos dejar cosas únicas al mundo.

Vivir de Internet no es solamente generar muchos ingresos, es algo mucho más grande. De alguna manera, entiendo que vivir del mundo *online* es también aportar algo a la sociedad.

Normalmente, las personas prósperas piensan en cómo ayudar a los demás de muchas maneras. Por ejemplo, mejorando un invento, un servicio, mejorando partes de un servicio... en definitiva, pensando en la calidad.

Todo se puede mejorar. Incluso lo que funciona razonablemente bien. Mejorar algún proceso, evolución, desarrollo, técnica, tratamiento o procedimiento.

Hay muchas formas en dejar un legado y un mundo mejor. Como digo, pueden ser tan sencillas que están al alcance de cualquiera. Si se pone amor en aquello que se hace, si se sirve bien, aquí hay un legado.

Hoy en día toda persona tiene la capacidad, gracias a Internet, de reciclarse aunque esté en una situación difícil. Tiene más cerca que nunca a mentores y expertos, sistemas que le expliquen cómo transformar su vida, cómo adquirir y mejorar ciertas habilidades, por ejemplo cómo escribir un libro y publicarlo en Amazon. Internet es un gran océano, pero hay que conocerlo y no tenerle miedo. Muchos nos enseñan cómo crear nuestro proyecto, cómo tener una mentalidad ganadora, una gran motivación y confianza en uno mismo, cómo practicar aquello que va aprendiendo y cómo buscar alianzas y delegar.

Todo el mundo puede reciclarse, y esto va creando un legado, un mundo mejor. Todos vivimos en un entorno social, no vivimos aislados. El hecho de poner más amor, de trabajar mejor para los demás y de ser humildemente activos para generar un mundo mejor, sin duda aporta ese granito de arena que hace más amigable nuestro mundo.

Vivir de Internet sin pensar en dejar un legado puede ser traumático. Demasiadas dificultades existen fuera de

Internet como para intentar no ser honestos en el mundo *online*. No queremos ni vivir ni fomentar una pesadilla, porque faltará un ingrediente que no está en ningún sitio más que en nuestro interior, que es el amor. Nosotros podemos generar amor, si somos capaces de buscar el bien para los demás. Recordemos que tenemos que tener un porqué, pero un porqué positivo. Y siempre advertir los pros y contras (si los hay) a las personas que se asesoren con nosotros.

Hay muchas maneras de dejar un legado. Nuestra actitud lo provocará. Con la voluntad de dejar una herencia, ayudaremos a ser mucho más felices a los demás. A muchos que nunca conoceremos pero que nos agradecerán nuestro esfuerzo.

IX. DE LA IDEA A LA ACCIÓN

Ya sabes los pasos a seguir para vivir de Internet. Simplemente te falta ponerlos en acción y tener la paciencia y la constancia necesarias. Es muy importante que seas proactivo.

En el primer negocio por Internet que tuve éxito, realicé un vídeo al día durante casi un año, y colaboré gratuitamente con la empresa haciendo vídeos y conferencias. Haciendo estas tareas, directamente no ganaba nada, pero sí que estaba consiguiendo algo más importante que dinero: empezar a ser una referencia dentro del negocio y del sector.

Si mi punto fuerte son los tutoriales en vídeo, es lógico que sea en ese apartado donde obtenga los mejores resultados. Con los vídeos, atraemos a mucha gente que necesita que le expliquen cómo funciona un negocio o un producto. Grabando la pantalla con un programa como screencast-o-matic.com es posible hacer tutoriales fácil y rápidamente. Si no sabes hacer vídeos, puedes aprender. Y si no se te da bien, a la larga, por poco dinero, puedes delegar esta tarea.

Si te fijas, la clave está en hacer muchas veces algo que se nos dé bien dentro de un nicho de mercado que sea potente. No hay más. El marketing es así: tienes que presentar bien algo que ayude a un grupo de personas determinado, que sea algo de valor, algo útil, algo por lo cual muchos están dispuestos a pagar.

¿Tienes que ser experto para ayudar a otros? Sí. Pero puedes saber mucho más que la mayoría con unas simples horas de estudio. Imagina que te encanta ayudar a personas a bajar de peso, y además tú mismo en el pasado lo has conseguido (eres un testimonio). Pues bien, qué mejor que hacer vídeos sobre la materia donde además de la teoría puedes añadir la práctica y tu experiencia.

Ahí está la clave. Todo el mundo escucha al que sabe. Si tú sabes mucho sobre un tema, explótalo. Siempre hay una parte gratis, y esto es lo bonito: dar valor y generar confianza sin esperar nada a cambio.

Además hay intangibles. Es decir, el tratar con amor tu trabajo, las personas con las que te encuentras, el buen trato, la buena educación, el espíritu de mejora constante para ayudar mejor, hace que aparezcan los buenos resultados.

A veces es duro porque estamos desorientados. No te preocupes. Recuerda que muchos se han encontrado en la misma situación y lo han resuelto satisfactoriamente. Acuérdate de ellos y vuelve a sonreír. Tienes *coaches*, mentores, libros que te ayudarán a ser experto y a la consecución de activos por Internet.

En el mundo actual vivimos una batalla psicológica y espiritual. Es en nuestro interior donde tenemos que ganar la guerra. Está claro que perderemos algunas batallas, esto es inevitable. Incluso los mejores deportistas o equipos, a pesar de ser los mejores, sufren derrotas y contratiempos. Nadie mantiene una hegemonía constante.

Pero no mires el mundo de los negocios por Internet como un sitio donde hay rivales. Simplemente hay ofertas. No mires a tu competencia como adversarios. Míralos con cariño y con respeto. Aprende de ellos. Es apasionante.

Recuerda ser humilde para poder levantarte siempre. Entender que las caídas son parte del proceso, y que la cuestión es levantarse y seguir mejorando. A pesar de las caídas, valora siempre el esfuerzo. Prémiate también después de pequeños logros.

El mercado siempre sigue estas reglas: primero te ignora (lo cual es duro y por eso muchos se rinden al tercer día), después te menosprecia (que es difícil de asimilar y provoca el abandono); acto siguiente te critican (como ya llevas parte del recorrido, falta el punto más difícil, aceptar todo lo malo entre lo bueno y saber lidiar incluso con críticas injustas), y finalmente te valoran, te aprecian. Has conseguido no abandonar si llegas a la cuarta y última etapa.

Sigues en pie, y el mercado, e incluso la competencia, empiezan a valorarlo. Ven todo el esfuerzo y las buenas obras a pesar de los errores necesarios que todo el mundo comete.

¿Errores? Sí, es normal que un emprendedor de Internet los tenga. Muchas veces, por no escuchar a mentores, otras por no escuchar al mercado, o por defectos propios, muchas otras por inventar en vez de innovar mediante mentes maestras o *masterminds* y algunas por mala suerte. Es parte del proceso. Nadie tiene más posibilidades de prosperar que el que lo intenta repetidas veces. Si bien sabemos que muchos negocios fracasan, ahora sabemos también cuáles son los factores que hacen que un negocio prospere de una forma exponencial.

Eso sí, no por mucho saber, tendremos resultados. Necesitamos poner en práctica constantemente lo aprendido. Necesitamos no desenfocarnos, mantener la tensión del emprendedor. Es decir, una y otra vez pensar: ¿Cómo puedo hacerlo mejor?

Eliminar, automatizar/sistematizar y delegar

No debemos tener miedo en eliminar cosas de nuestra vida. Y por otro lado, cambiar los malos hábitos por los buenos (según los expertos un hábito es muy difícil de eliminar, casi imposible, es mejor cambiarlo por otro de saludable).

Así es que, en estas dos premisas (eliminar actividades que no nos caben en la agenda y cambiar hábitos nocivos por positivos) residen muchas de las soluciones.

Muchos no tienen éxito porque, a pesar de que disponen de tiempo, no son capaces de trabajar por su sueño ni 15 minutos al día. Trabajar por un sueño, por un proyecto, 15 minutos al día puede cambiarnos radicalmente la vida. ¿Y qué son 15 minutos al día? ¿Un tiempo que dejamos de ver la tele o las redes sociales?

Piensa bien esto. Está demostrado: con 15-20 minutos al día dedicados a algo como: hacer deporte, comprar la comida que nos conviene, escribir un libro, preparar un proyecto, solo con esos minutos, en nueve meses podemos tener una joya en nuestras manos. Sí, tan simple como esto.

¿Una prueba? Bien, como recordarás, te decía que durante casi un año hice un vídeo diario de lunes a sábado, en un negocio que me dio mis primeros grandes resultados. Bien, lo que hacía era cada día al levantarme realizar un vídeo. Esa constancia me llevó a atraer a algunos de los que ahora son mis mejores amigos y a consolidar mi éxito en Internet. ¿Y sabes qué es lo mejor? Necesitaba 15-20 minutos al día para grabar el vídeo y subirlo a la red.

¿No te parece apasionante? Hacer algo cada día 15-20 minutos con un objetivo claro. Sí, son pocos minutos. Pero algo te puedo decir. No siempre es fácil superarlos. Al ser algo comprometido con uno mismo, el día menos pensado sientes el agotamiento en la tarea, incluso empiezas a pensar si aquello que haces es absurdo aunque sepas los resultados que te está dando o te dará.

Es decir, llega el punto en que nosotros mismos, en nuestro diálogo interno, llegamos a ser enemigos de nuestros sueños.

Por tanto, no nos permitiremos caer en la desesperación.

Perseverar en los momentos difíciles

Llega el día en que quieres dejar una actividad. Tienes que pensar muy bien el por qué. Si no, puede que estés desperdiciando tu gran arma de marketing.

Recuerda que no solo cuenta lo que haces, sino la percepción de los demás en las cosas que haces. Por tanto, para la mayoría, hacer un vídeo al día es dar un ejemplo de vida, del "sí se puede". Es despertar admiración. Inspirar. Y esto vale tanto la pena como el dinero que puedas llegar a recibir.

Recuerda el triángulo mágico: perseverar en lo que eres bueno, tener mentores, hacer *masterminds*. Con estos tres elementos, la probabilidad de salir victorioso es muy, muy alta. Tanto que casi con el 100% de seguridad vas a tener éxito.

No te preocupes por los nuevos retos que vayan apareciendo en el camino. Son normales. Simplemente intenta dar constantemente lo mejor de ti, renunciando a lo que te daña tu salud física, mental o espiritual.

La batalla interna

Dejarse ir, abandonar, enfadarnos, culpar a los demás, es síntoma de que nuestro crecimiento personal todavía no está en el punto de madurez. Es típico culpar a los demás de nuestra propia situación.

Pero, sinceramente, ponte en el lado de las otras personas. ¿Cómo te ven? ¿Qué puedes aprender por mostrarte experto y ser detectado como un valor en el mercado? ¿Tienes disponibilidad de viajar o de ir a eventos de marketing, de crecimiento personal en tu zona u *online*? ¿Te acercas a personas positivas, con tus valores y con tus ganas de prosperar, para aprender de ellas?

Es importante hacerse preguntas. Avanzar, luchar, seguir.

El camino nunca va a ser de rosas sin espinas. Cuenta con las espinas, con que no eres perfecto, que tienes tus puntos débiles. Pero potencia tus puntos fuertes en vez de lamentarte, e intenta corregir los débiles. Hazte fuerte con tus puntos fuertes. El gran error es intentar hacer que alguien malo en matemáticas y bueno en el inglés, sea bueno o regular en matemáticas. ¡No! Hay que potenciar su inglés al máximo. Quizás esta persona que es tan buena en inglés, puede ser un magnífico profesor de academia, alguien que puede cambiar la vida de miles de personas durante su vida, gracias a métodos para aprender inglés mejor y más rápido.

Eso sí, la batalla interna a veces nos pone delante de nosotros nuestras penas, nuestras derrotas y limitaciones. Pero cuando uno lee y aprende sobre crecimiento personal, acude a algún evento si le es posible, y es capaz de ir obteniendo una mirada nueva, ya no tienen tanta importancia los defectos sino centrarnos en todas las noticias buenas, en todas las acciones que pueden crear circunstancias innovadoras.

José Ortega y Gasset dijo: "Yo soy yo y mis circunstancias". Pero no dijo "tú puedes crear muchas de tus circunstancias" y ser feliz con las nuevas personas, actitudes, hábitos, que vas adquiriendo con el tiempo.
No te canses de buscar. Descansa también cuando te sientas fatigado. Pero, sobre todo, busca con fuerza el relacionarte con personas que te aporten conocimiento, positividad, soluciones. Si de momento no tienes acceso a ellas, mira sus vídeos, analiza sus comportamientos, lee sus libros, busca sus entrevistas. Hay mucho por aprender y cada día podemos seguir aprendiendo.

El caso es no desanimarse, seguir luchando. La vida es una carrera de fondo donde se tiene que ir ganando la guerra aunque se pierdan algunas batallas. Hay que seguir avanzando, luchando, creciendo. Sobre todo desde el interior hacia fuera.

Tenemos que saber aguantar la presión, los momentos difíciles. Ser humildes y aferrarnos a los hábitos buenos, incluso buscar nuevos para que puedan sustituir los hábitos malos. Ya sea en el comer, en el hablar, en el comportamiento, en el vestir.

Sin duda la puerta es a veces estrecha, pequeña, comparado con la que lleva a la perdición, que es grande y amplia. Pero cuando descubrimos que detrás de la puerta estrecha hay más felicidad, abundancia, bienestar, más posibilidad de ayudar a los demás, se disfruta de muchos actos que son martirio para otros: reuniones, *masterminds*, hacer deporte, escribir, leer, investigar negocios, etc.

Internet siempre nos trae oportunidades nuevas

Si ya en la calle vemos constantemente negocios que cierran y que abren, cuánto más en Internet, donde miles de personas constantemente piensan qué pueden hacer o qué pueden ofrecer.

Es realmente apasionante descubrir oportunidades, analizar sus elementos, ver las personas que están detrás, el historial de estas personas. Los porqués de tal situación o tal negocio.

Internet ofrece miles de oportunidades. Es un gran océano. Por eso, el papel de mentores expertos o de entrenadores es tan básico. Nadie entiende de todo y siempre hay que buscar, en cada área, los mejores mentores de ella.

Quien es mentor, normalmente, comparte más de lo habitual entre gente que valora lo que explica. Por eso, ahora mismo en la red hay un valor incalculable y puedes tener acceso mediante cursos, libros, vídeos y entrevistas, de contenido impresionante.

Si has tenido muchos fracasos, no te desanimes. Calculo que tuve unos 30 fracasos en diferentes negocios antes de poder comenzar a generar mis primeros beneficios por Internet.

¿Y por qué tardé tanto? Por no tener mentores de alto nivel, por no conocer muchas oportunidades que ahora conozco, por no haber colaborado en negocios, por no haber sabido tejer alianzas estratégicas, por no conocer gente filtrada, etc.

Pero con las claves facilitadas en este libro ya podrás comenzar, en tiempo mucho más rápido, te diría récord, a detectar buenas oportunidades para ti, y a encontrar los grandes expertos en cada materia. Te recuerdo que no es fácil y no puedes encontrar un buen mentor sin preparación en una materia concreta.

Otra cosa es conocer a alguien que ha tenido unos resultados que no necesitan explicación. Pero recuerda que a veces sales de un punto de partida diferente. Por eso es importante, no solo tener a mentores, sino la capacidad de entender que tienes que dar el máximo de ti mismo, para salir adelante. Haciendo todo lo que se tenga qué hacer y empezando a borrar excusas, cambiando hábitos malos por buenos y eliminando actividades que no te dejan espacio.

Anexo 1

Ideas para comenzar

- **Crear activos:** webs que resuelvan un problema, libros en Amazon, vídeos, canal en Youtube, monetizar a través de Google Adsense u otros.
- **Negocios relacionados con criptomonedas:** *cloud mining*, *trading* con criptomonedas. Las criptomonedas son monedas virtuales tales como el "*bitcoin*" y otras que se están popularizando (puedes ver un ranking en www.coinmarketcap.com con las mejores). *Cloud mining* significa comprar potencia de máquinas que crean algunas de estas criptomonedas. Buscamos ahí un rendimiento sobre una compra de un activo que nos genera criptomonedas. Depende del precio de las criptomonedas y de la habilidad del informático minando las monedas más rentables, se puede ganar más o menos. El *trading* de criptomonedas, en cambio, es comprar criptomonedas a mercado buscando una subida de precios de las mismas (algunos de los mejores mercados son www.bittrex.com o www.poloniex.com). Cada vez hay más canales de Youtube hablando de estos temas, tanto de cloud mining como de trading en criptomonedas. Buscando puedes encontrar mucho sobre este tema si te interesa.
- **Negocios de inversión por internet:** *crowdfunding*. Significa que juntamos dinero de diferentes personas para invertir en un negocio por internet para sacar una rentabilidad.
- **Negocios relacionados con la bolsa:** significa comprar acciones de empresas a un precio y venderlas

a un precio superior. Sobre este tema, uno de los más complicados, hay mucho material, pero también avisarte que es uno de los territorios más difíciles. A menos que te guste mucho, te recomiendo comenzar con *crowdfunding* o de *cloud mining* antes de probar con la bolsa.

- **Negocios *online* dónde tú haces parte de él:** por ejemplo, montar una red social, un medio de comunicación sobre una temática concreta, etc. Tú eres una pieza y ganas por hacer unos trabajos ya sea como empleado independiente o en relación de dependencia. Otra opción es crear tú mismo la web y ser el director del proyecto, ser el emprendedor único del proyecto o bien trabajar en equipo con más socios.
- **Negocios de afiliados:** significa cobrar comisiones por ventas que hagas de productos y/o servicios. Clickbank es un sitio donde puedes ganar hasta un 70% por venta de cada curso o libro digital. Clickbank es el referente pero hay más plataformas de su estilo. Puedes vender lo que te guste dentro de los mercados de estas webs, que están clasificadas por categorías.
- **Auditor:** ofrecer tus conocimientos de finanzas personales para dar servicios de auditoría y mejora de rendimientos de empresas o negocios (primero te tendrías que convertir en un experto por ejemplo leyendo unos cuantos libros de Robert Kiyosaki o el libro *Maestría en Cashflow* de Cristian Abratte o formándote por otras vías o cursos).
- **Consultor de marketing:** buscar webs de tamaño medio y, después de formarte en el tema, ofrecer servicios para ayudarles a generar más ingresos. Por ejemplo, podrías ofrecer una auditoría gratis y ofrecer una auditoría de seguimiento para ayudar al negocio

con el que tratas, para que sea mejor y más eficiente. Como siempre, antes te tienes que formar. Pero con unos cuántos libros, estoy seguro que tu mente te dará las ideas que necesitas para empezar.

De todas estas opciones y más que hay, haz la que más te apasione y piensa siempre en el largo plazo, con una visión a futuro. Esto te ayudará a ser más productivo, positivo y eficaz.

Anexo 2

Audita tu economía

Te recomiendo que tengas un auditor. Es la persona que se encargará, cada vez que lo visites, de ayudarte a llevar el *cash flow* o flujo de efectivo, es decir, te ayudará a conocer el dinero que tienes disponible y las previsiones a futuro, por ejemplo a un año.

Puede ser un gestor, un familiar tuyo experimentado, etc. Lo importante es que puedas saber el *cash* actual y el *cash* previsto para el futuro y saber, por anticipado, cuando hay peligros y posibles riesgos en tu tesorería.

Esta revisión del *cash flow* puede ser semanal, si te encuentras en un momento muy delicado. Si la situación está controlada, puede ser quincenal o mensual.

De esta manera, conociendo tus estados financieros y, sobre todo, la liquidez en un determinado momento, puedes saber también qué te puedes permitir invertir, qué gestión hacer de cara a un futuro cercano o de medio plazo, etc. Puedes, en definitiva, conocerte mejor.

Es un instrumento importante auditarte. Es como pasar un examen con nota y poder rectificar antes de que vengan problemas mayores. Te ayuda a pensar qué decisiones son las mejores que puedes tomar.

Auditar la economía propia es algo que aparentemente es pesado, pero ese ejercicio de transparencia contigo mismo te ayuda a mejorar. Te facilita rectificar si es necesario. Te da perspectiva. Y esto, hoy en día, en un mundo tan veloz, es un factor altamente decisivo.

Recuerda siempre esta frase: "Invierte lo que puedas permitirte perder". Controla tu *cash flow*, aprende diariamente y, sobre todo, agrega valor con tus acciones, ayuda a muchos a resolver sus problemas. El premio vendrá por añadidura.

www.ingramcontent.com/pod-product-compliance
Lightning Source LLC
Chambersburg PA
CBHW070410190526
45169CB00003B/1200